L'UNION AMÉRICAINE

ET

L'EUROPE

PAR

SIDNEY RENOUF.

PARIS.

E. DENTU, LIBRAIRE - EDITEUR,

PALAIS-ROYAL, GALERIE D'ORLÉANS, 13.

—

1861.

Nous désirons, avec la France entière, la fin de la guerre, qui, si elle se prolonge, inondera de sang l'Amérique, et qui trouble déjà si profondément ses rapports avec l'Europe. Nous pensons aussi, avec la France et son gouvernement, qu'elle ne doit, en face de cette crise violente, et quoi qu'il arrive, consulter, pour régler sa conduite, que les convenances de sa politique et de ses intérêts.

En présence de cet accord sur ce que l'on peut appeler le fond de la question, nous avons cru pouvoir soumettre au public quelques aperçus sur la manière d'agir que ces convenances nous semblent conseiller à la France, dans le triple but de donner satisfaction à ses intérêts en souffrance, de hâter la fin de la guerre, et de servir encore, dans la mesure du possible, la cause de l'abolition de l'esclavage.

S. R.

L'UNION AMÉRICAINE

ET

L'EUROPE.

I.

Les journaux qui ont pris parti pour le Nord dans la grande lutte qui s'agite en Amérique, et qui se sont faits ainsi les défenseurs de l'Union américaine, semblent ne voir dans cette lutte que la question de l'esclavage. Quelques-uns tâchent d'entraîner dans la cause qu'ils soutiennent l'Europe libérale, en y intéressant ses plus vives sympathies. D'autres, de bonne foi, craignent que l'indépendance assurée des Etats du Sud ne rende plus lourds et plus difficiles à briser les fers des malheureux esclaves. Ils croient rester fidèles à l'œuvre de l'abolition de l'esclavage, en favorisant le triomphe de l'Union, et voient, dans ce triomphe, une satisfaction certaine pour le principe auquel la France est attachée par raison autant que par sentiment. — Il n'est pas hors de propos de détruire les illusions de ceux-ci et de déjouer la tactique de ceux-là.

II.

La question de l'esclavage n'a pas été la cause de la rupture entre les Etats du Sud et ceux du Nord. Le gouvernement de l'Union n'avait pris aucune mesure, n'en faisait pressentir aucune qui dût ni décréter, ni favoriser, préparer et hâter l'abolition de l'esclavage. Tout le monde sait que ce sont des questions de tarifs, des dissidences d'intérêts matériels qui ont fait prendre aux habitants du Sud la résolution de se séparer des Etats du Nord, par lesquels ils se plaignaient d'être exploités.

Il n'est pas vrai davantage que la question de l'esclavage se trouve maintenant engagée dans le conflit violent qui met en présence les armées, les populations tout entières du Nord et du Sud. Non seulement le Nord n'arbore pas le drapeau de l'abolition ; mais il évite même de se prononcer nettement contre l'esclavage, parce qu'il sait qu'une manifestation de lui dans ce sens rendrait tout rapprochement encore plus difficile. Et, s'il n'a pas osé jusqu'à présent se servir de cette arme terrible pendant la guerre, comment croire qu'il voulût s'en saisir, pour frapper les plus grands coups, après des victoires qui auraient rétabli la paix ? Le but du gouvernement de Washington, c'est le rétablissement de l'Union ; il n'en a pas d'autre. S'il parvenait à l'imposer par la force des armes aux Etats du Sud, il serait trop heureux de ce résultat pour le compromettre par de nouvelles entreprises dirigées contre les intérêts de ces Etats. Il s'empresserait, au contraire, en même temps qu'il leur ferait des concessions sur des questions de tarifs, de douanes, etc., de les rassurer sur la question de l'esclavage. Le triomphe du Nord ce serait donc, en fait, la confirmation, la consécration de l'esclavage.

Que si, toutefois, le Nord se trouvait, dans la lutte, en face de tels obstacles et même de tels dangers qu'il dût avoir recours aux moyens les plus extrêmes, peut-être se résoudrait-il à faire appel à l'émancipation des noirs, à provoquer leur soulèvement et à les armer contre leurs maîtres. Quelques journaux se complaisent à prévoir cette éventualité. Quoiqu'ardemment partisan de l'abolition de l'esclavage, nous ne saurions partager leurs désirs et leurs espérances. La guerre actuelle, compliquée d'une guerre servile, aurait mis alors en jeu de si terribles passions, aurait pris de telles proportions et un tel caractère, tant de massacres couvriraient de sang le Nord et le Sud, qu'aucun ami de l'humanité ne peut envisager sans frémir de semblables horreurs.

Quoi qu'il en soit, en fait, la question de l'abolition ou du maintien de l'esclavage n'est réellement pas posée maintenant en Amérique, dans la guerre qui se poursuit entre le Nord et le Sud. Elle ne doit donc exercer aucune influence sur la conduite à tenir par les puissances européennes en face de cette guerre, sur l'appui matériel ou moral à donner à l'une ou à l'autre des parties belligérantes.

III.

La liberté et la démocratie ne sont pas, non plus, intéressées au succès du Nord ou à celui du Sud, c'est-à-dire au maintien ou à la rupture de l'Union américaine. Nulle intervention étrangère ne vient là peser sur le Sud pour l'enlever à ses traditions et l'arracher aux institutions démocratiques. Il ne songe pas lui-même, en se séparant du Nord, à échanger sa forte liberté contre un régime de pouvoir absolu, et à déserter la République pourse livrer à une Monarchie. On n'est donc pas plus fondé à reprocher, comme une inconséquence, aux écrivains libéraux, lorsqu'ils signalent les torts de l'Union, d'attaquer un *Etat démocratique*, qu'à les accuser de sympathie pour un *État esclavagiste* et à les déclarer complices du crime de l'esclavage, parce qu'ils admettent des raisons en faveur de l'indépendance du Sud. Si l'Union est rétablie, il n'y aura pas un esclave de moins, et si elle est définitivement rompue, il n'y aura pas une liberté de moins en Amérique. Il y aura seulement, dans le second cas, deux Etats démocratiques et républicains au lieu d'un.

IV.

Ce serait là, sans doute, un grave changement, mais qui ne doit être envisagé qu'au seul point de vue des relations de l'Amérique avec l'Europe. Par conséquent, la politique, c'est-à-dire le soin de la sécurité dans la paix et des intérêts nationaux, doit prendre la principale part à la direction de la conduite à tenir par les grands Etats européens, en présence de l'éventualité de ce changement. Si je dis seulement *la principale,* c'est que la question de l'esclavage, dans quelque situation qu'elle reste en Amérique, préoccupe vivement les populations civilisatrices de l'Europe, et que cette question doit peser aussi dans la balance, si la conduite recommandée par la bonne politique est, de plus, celle qui peut le mieux servir la cause de l'abolition de l'esclavage.

V.

L'Union américaine est brisée en ce moment, par le fait de la guerre qui se poursuit entre le Nord et le Sud.

L'Europe doit-elle, pour ses intérêts politiques et autres :

Ou souhaiter le rétablissement de l'Union ?

Ou accepter volontiers le fait de la séparation ?

Voilà la vraie question, question intéressante également pour toute l'Europe, et pour laquelle aussi, si je ne me trompe, toute l'Europe doit être d'accord.

La réponse à y faire n'est, comme nous l'avons établi, commandée par aucun principe. Elle est tout entière dans les faits. C'est l'Union américaine elle-même qui nous l'a dictée par son langage et par ses actes.

VI.

La confédération des Etats-Unis d'Amérique s'est constamment agrandie depuis quatre-vingts ans. Elle a poursuivi un mouvement non interrompu d'absorption et d'annexions, auquel la crise actuelle a seule apporté un temps d'arrêt. Elle s'étendait, avant la scission, de l'Océan Atlantique à l'Océan Pacifique. Elle avait, depuis l'annexion du Texas, la plus grande partie des côtes nord du golfe du Mexique. Qui peut dire si, sans ses troubles intérieurs, elle n'aurait pas déjà profité de l'anarchie qui règne au Mexique pour achever d'entraîner dans son mouvement ce vaste pays ? Elle eût touché alors aux petits Etats de l'isthme, ou Amérique Centrale, qu'elle convoite, et sur le territoire desquels elle ne se gêne pas, dès à présent, pour agir, au besoin, en souveraine. Elle en aurait obtenu l'annexion sans grandes difficultés. Maîtresse de l'isthme — ce qui aurait dû appeler la très-sérieuse attention de l'Europe — elle n'aurait pas tardé à pénétrer dans l'Amérique du Sud et à y établir ses postes avancés.

Il y a une grande différence entre une Monarchie qui ne

peut augmenter son territoire que par des conquêtes et une Confédération qui procède par voie d'annexions déclarées d'accord avec les populations qu'elle s'attache. L'une rencontre des résistances, des obstacles qui l'obligent à accepter des limites. L'autre a une puissance d'absorption qui peut arriver à une extension illimitée, parce qu'elle n'a pas besoin de la force, et que, dès lors, elle ne provoque pas également l'intervention des puissances étrangères, qui pourraient agir si elles croyaient avoir, ou à défendre un droit, ou à protéger des faibles contre des actes de violence. A cette différence, s'ajoute celle qui existe entre la constitution politique de l'Europe et celle de l'Amérique. Plusieurs grands Etats coexistent en Europe. Les faits successifs ont créé entre eux un certain équilibre que l'un ne pourrait essayer de rompre sans trouver tous les autres réunis pour s'opposer à ses entreprises. En Amérique, rien de semblable. L'Union, avec les développements qu'elle avait déjà pris, avec ses moyens de propagande, y dominait sans contrepoids. Elle pouvait, après s'être étendue jusqu'au Pacifique, s'avancer dans le Sud, sans avoir à vaincre des résistances sérieuses, et chaque nouvelle annexion lui rendait les autres encore plus faciles. Où était, pour elle, la limite du possible ? Objecterait-on les distances, les difficultés des relations ? Les communications de Washington et de New-York avec la Californie exigent plus de temps qu'avec les territoires des républiques de l'Amérique du Sud ?

Cette tendance de l'Union américaine à rechercher des développements successifs était manifeste. Ses vues sur l'Europe n'y étaient pas étrangères. Les hommes d'Etat européens ont dû s'en préoccuper. Ne doivent-ils pas penser que, si les Etats du Nord faisaient rentrer les Etats sécessionnistes dans l'Union, celle-ci, retrouvant, avec sa force, sa liberté de mouvements, retrouverait aussi sa politique, ses prétentions, ses projets ?

VII.

Or, les projets de cette politique sur l'Europe n'étaient même pas dissimulés. Les Etats-Unis proclamaient orgueilleusement leur prétention d'intervenir activement dans les affaires de l'Europe, d'y faire sentir leur influence, d'y représenter et d'y soutenir leurs principes. Les journaux développaient à grand bruit cette prétention, qui trouvait des échos passionnés dans les chambres des différents Etats et jusque dans le Congrès. Les Etats-Unis se déclaraient eux-mêmes une trop grande puissance dans le monde pour qu'ils pussent rester plus long-temps étrangers au règlement des affaires politiques de l'Europe, comme de celles des autres pays.

Qu'il leur eût été fort difficile de faire admettre cette préten-tion, je n'en doute pas. Mais il pouvait en sortir un conflit im-mense. Les Etats-Unis n'avaient pas, il est vrai, une marine de guerre comparable à celle de l'Angleterre et de la France. Mais ils avaient une marine de commerce supérieure à celle de l'An-gleterre elle-même. Les Anglais l'emportaient de quelque peu par le nombre des bâtiments ; mais les Américains ont, en gé-néral, des bâtiments plus forts, et le tonnage de l'Union don-nait un total plus élevé. Voici les chiffres : cinq millions qua-tre cent soixante mille pour les Etats-Unis ; cinq millions pour l'Angleterre. — Je n'ose citer le chiffre de la France, tant il reste au-dessous de celui même de l'Angleterre. — Avec une semblable marine de commerce, les Etats-Unis, constitués comme ils l'étaient l'année dernière, pourraient toujours créer rapidement une forte marine de guerre. Quelles seraient leurs ressources s'ils venaient à posséder toute l'étendue des côtes du golfe du Mexique et de la mer des Antilles ! De quel poids pè-serait sur le monde une pareille puissance, et quels efforts l'Eu-rope aurait à faire si elle était obligée de combattre ses entre-prises contre elle-même !

L'Europe peut-elle donc vouloir que l'Union se rétablisse ? Quelle raison la porterait à désirer de retrouver en face d'elle, de l'autre côté de l'Atlantique, une puissance jalouse, hautaine, turbulente, ayant de telles prétentions et disposant de telles forces ?

Indépendamment de cette prétention manifestée par les États-Unis de jouer un rôle dans les affaires de l'Europe, leurs procédés n'ont pas toujours été de nature à entretenir de bonnes relations avec les puissances européennes. Ils ont, dans diverses circonstances, affecté des formes qui ont justement blessé, soit la France, soit l'Angleterre. Ils ont arraché—il faut bien le dire — de pénibles concessions à leurs sentiments plus pénétrés des devoirs de la civilisation et de la société moderne, à leur amour plus éclairé pour la paix. Aussi, à la première nouvelle de l'incident du *Trent*, tous les journaux anglais ont été d'accord pour rappeler les griefs et la longue tolérance de l'Angleterre, pour déclarer que la mesure était comble et que sa dignité exigeait enfin une éclatante réparation. Ce n'est pas, en effet, ce seul outrage à son pavillon que l'Angleterre veut punir ; elle entend, de plus, réprimer les habitudes violentes, les prétentions audacieuses des États-Unis.

VIII.

Toute l'Europe s'est émue de l'attentat commis par un bâtiment de guerre des États-Unis sur un bâtiment anglais. La France en particulier qui, sur le fait spécial, donne raison à l'Angleterre, ne peut pas se montrer favorable au gouvernement qu'elle reconnaît coupable d'une brutale violation du droit des gens. Intéressée, comme grande puissance européenne, à maintenir la paix et la sécurité de l'Europe, elle ne peut pas faire des vœux pour le rétablissement d'un Etat qui songeait à augmenter incessamment ses forces, afin d'être mieux en mesure d'imposer son ingérance dans les affaires de l'Europe.

L'Union américaine dissoute, rien ne reste de cette situation et des préoccupations qu'elle causait à l'Europe. Les deux nouveaux Etats sont obligés de se tenir dans une situation défensive vis-à-vis l'un de l'autre. Ils s'observent et se surveillent mutuellement. Ils n'ont plus, loin de là, les mêmes intérêts. La masse de forces qu'ils représentaient dans l'Union est divisée. Chacun d'eux n'a que des ressources plus restreintes et qu'il doit toujours tenir disponibles. Dès lors, plus de projets fondés sur un immense développement de forces, plus d'entreprises aventureuses. La politique change. Le mouvement d'annexions s'arrête. Les prétentions sur l'Europe disparaissent.

IX.

Que les embarras dont les relations de l'Europe avec l'Union américaine étaient chargés ne fussent pas assez graves, que l'ambition de l'Union ne fût pas assez sérieusement inquiétante pour réclamer de l'Europe, et particulièrement de la France et de l'Angleterre, l'initiative d'une action immédiate : personne ne le conteste. Aucun homme politique, aucun journal n'avait demandé à ces deux puissances de déclarer la guerre aux Etats-Unis. Mais la question est tout autre maintenant. L'Union s'est dissoute d'elle-même. Les deux parties sont en guerre. Que la France et l'Angleterre, cependant, aient encore évité d'intervenir activement dans la guerre : cette réserve a été unanimement approuvée. Voici un incident qui force l'Angleterre à prendre les armes. Que la France persiste néanmoins à se maintenir en dehors des hostilités : l'Angleterre elle-même le demande, et aucun parti politique en France ne conseille le contraire. Mais que les deux grands pays, dont l'alliance est la plus haute expression des sentiments de la civilisation moderne et des intérêts de l'Europe, ne profitent pas de la scission, et, en outre, de l'affaire du *Trent* pour confirmer et pour assurer définitivement la rupture de l'Union : c'est ce que l'on ne comprendrait pas, car la vraie politique doit leur faire considérer cette rupture comme un fait favorable à la paix du monde.

X.

L'affaire du *Trent* est venue, d'ailleurs, compliquer la situation d'une façon très-grave pour le Nord. De deux choses l'une : ou l'Angleterre obtiendra la satisfaction qu'elle réclame du gouvernement de Washington, ou elle lui déclarera la guerre. Dans l'un et l'autre cas, le rôle de la France est tracé.

Si la sagesse du gouvernement de Washington épargne au monde le douloureux spectacle d'une guerre épouvantable, la mise en liberté de MM. Slidell et Mason donnera ouverture à quelques négociations. La France peut s'y présenter pour aider l'Angleterre à obtenir, de cette même sagesse, la fin de la guerre d'Amérique.

Les cabinets de Paris et de Londres ne manqueraient pas de raisons pour engager le Nord à se désister de sa prétention de ramener dans l'Union le Sud, et pour justifier l'appui qu'ils prêteraient à l'indépendance de celui-ci. On a parlé beaucoup depuis quelque temps du droit des nationalités. Si c'est la volonté à la fois réfléchie et passionnée d'un peuple et sa résolution énergique de combattre pour sa cause, qui constituent sa nationalité propre et son droit, la Confédération du Sud d'Amérique est fondée à proclamer son indépendance et à la faire reconnaître. Certes, elle a plus hautement et plus activement manifesté sa volonté, elle s'est montrée plus résolue à tous les dévoûments, à tous les courages, à tous les sacrifices nécessaires à sa cause, que ne l'avaient fait les populations du royaume de Naples pour obtenir le changement qui s'est opéré dans leur situation. Pourquoi donc les gouvernements qui ont reconnu l'annexion du royaume de Naples aux états du roi Victor-Emmanuel ne reconnaîtraient-ils pas l'acte par lequel les États du Sud rompent l'Union américaine? Une séparation est-elle un fait plus anormal qu'une annexion? Ne peut-elle pas avoir aussi bien le droit et la raison pour elle? N'est-il pas possible même qu'elle s'accorde plus souvent avec les intérêts des puissances étrangères? Et, par exemple, quel intérêt direct avaient les Puissances, qui ont reconnu le royaume d'Italie, à voir la Sardaigne s'agrandir en absorbant Naples et d'autres États de l'Italie? Toutes les Puissances de l'Europe ont, au contraire, un très-sérieux intérêt à voir la Confédération des États du Sud s'établir en brisant la puissance gigantesque que formait l'Union américaine.

Si, au contraire, le gouvernement de Washington refuse la réparation que le cabinet anglais exige, la France reste étrangère au grave motif qui pousse l'Angleterre à tirer le canon. Sans doute, c'est un grand honneur pour elle de voir les Anglais, ralliés à son opinion, combattre eux-mêmes pour le droit persévéramment proclamé par elle et consacré par son sang dans tant de batailles. Elle ne peut refuser ses sympathies à la puissance qui rend un si éclatant hommage aux efforts de ses sentiments généreux pour faire respecter, même dans la guerre, des principes d'humanité et de civilisation. Elle appelle de ses vœux des victoires qui assureront le triomphe définitif et complet du droit des neutres. Mais aucune raison ne l'entraîne, comme l'Angleterre, à faire la guerre au Nord. Elle a seulement à agir dans la mesure de ce que lui recommandent sa politique et ses intérêts, c'est-à-dire à reconnaître la Confédération du Sud et à traiter, s'il y a lieu, avec elle pour rétablir d'utiles relations.

XI.

En effet, à côté de la raison politique et d'avenir qui conseille à la France cette conduite, ses intérêts matériels l'y engagent fortement. Indépendamment de la question du coton dont on a tant parlé et qui est réellement considérable, la guerre en Amérique fait un tort cruellement sensible à notre commerce. Plusieurs de nos principales industries et, à leur tête, les soieries de Lyon et l'article Paris souffrent énormément. La plupart des négociants et des commissionnaires français qui faisaient des affaires avec les Etats-Unis sont dans une situation très critique. Les faillites sont déjà nombreuses parmi eux, et parmi ceux-là mêmes qui étaient, avant la guerre, dans la meilleure et la plus honorable situation. Mais ce n'est pas seulement le marché d'Amérique qui est momentanément perdu pour nos industries. Celui d'Angleterre est, en même temps, très-diminué par suite des dommages que lui cause aussi la crise américaine. Nous avons donc tout intérêt à hâter la fin de cette crise. Or, la guerre entre le Nord et le Sud, dans ses conditions actuelles, pourrait se prolonger indéfiniment. Mais, si la France et l'Angleterre reconnaissent la Confédération du Sud et veulent assurer son indépendance; si surtout, comme il n'est presque plus possible d'en douter, une guerre avec l'Angleterre complique terriblement la situation pour le Nord, on ne peut pas raisonnablement croire qu'il s'opiniâtre à la défense d'une cause dans laquelle le droit lui fait défaut, et à la poursuite d'un succès qu'il ne lui sera plus permis d'espérer.

XII.

Ainsi, conformément à sa politique, la France doit, pour sa part, reconnaître la Confédération du Sud, afin de rendre définitive la séparation de l'Union. Elle le doit, en outre, afin de prendre une position qui lui permette de partager les avantages que le gouvernement anglais songe évidemment à s'assurer, tout en s'occupant de l'éclatante réparation qu'il veut obtenir. Par cette conduite, la France, sans s'engager au delà de ce qui lui convient dans l'état des choses, aura été fidèle à sa mission, en contribuant à arrêter une guerre désastreuse, et en servant la cause du droit et celle de l'indépendance d'un peuple qui se rattache à elle par des liens nombreux ; elle aura pris soin de ses intérêts, en assurant ses relations avec le nouvel État dont il lui importe de rouvrir les ports à son commerce ; et, de plus, elle aura hâté l'affranchissement des noirs dans l'Amérique du Sud.

XIII.

Non, la France n'ira pas démentir sa foi et sanctionner le maintien de l'esclavage en reconnaissant, comme on dit, un État esclavagiste. Le Nord, s'il était victorieux et pouvait rétablir l'Union, ne ferait rien pour l'abolition de l'esclavage dans les États du Sud. L'intervention de la France et de l'Angleterre, au contraire, peut y faire beaucoup. Que l'Angleterre, pour prêter l'appui de ses armes à la Confédération du Sud, que la France, pour la reconnaître, lui demandent une concession sans laquelle elle reste seule, dans une guerre acharnée, contre un ennemi redoutable, la Confédération la refusera-t-elle ? Elle ne peut pas se faire d'illusion. D'une part, le Nord a, pour soutenir la guerre, des ressources supérieures aux siennes ; et tout ce que son énergie pourra faire, ce sera d'éterniser une guerre meurtrière et ruineuse pour les deux pays. D'autre part, l'esclavage est trop sévèrement condamné, trop hautement repoussé par l'esprit du siècle pour être longtemps maintenu. Par un moyen ou par un autre, les noirs seront affranchis dans le sud de l'Amérique comme ailleurs. Mais, en attendant, la nouvelle Confédération rencontrera des répugnances et des obstacles insurmontables pour se faire admettre au nombre des États indépendants, tant qu'elle sera affligée de cette plaie. Elle n'aura rien des sympathies qu'elle réclame au nom de la liberté et de la dignité de ses citoyens, tant qu'elle maintiendra une partie de sa population sous le fouet, en la privant de tous les droits et de tous les attributs de l'espèce humaine. Que la Confédération du Sud, au contraire, proclame en principe l'abolition de l'esclavage, en demandant, pour la mise en application, des délais justifiés par les difficultés de sa situation, et qui seront réglés d'un commun accord entre elle et la France et l'Angleterre : à ce prix, nous osons le dire, ces deux puissances se déclarent ses protectrices pour l'aider dans l'accomplissement de sa grande œuvre ; toute l'Europe est avec elle ; son salut et son indépendance sont assurés.

XIV.

Deux grands résultats seront alors obtenus, auxquels la France, prête pour toutes les causes utiles ou généreuses, et qui a déjà rempli largement, depuis dix ans, sa mission de dévouement, aura encore contribué :

L'Europe, maintenant aisément, dans des conditions dignes, la bonne intelligence entre elle et les deux républiques de l'Amérique septentrionale, sera délivrée des habitudes violentes qu'apportait dans ses relations et des prétentions qu'affectait une puissance qui menaçait de devenir trop considérable pour le repos du monde ;

Et la noble terre d'Amérique, tout entière à la liberté et à la civilisation, cessera d'être, dans une de ses contrées les plus éclairées, le théâtre des outrages à toutes les lois divines et humaines, des abominations et des douleurs qui forment le cortége fatal de l'esclavage.

Impr. de E. Brière, rue Saint-Honoré, 257.